絵はがきのなかの札幌 明治から戦後まで

上ヶ島オサム

The Night Fall of Suburbs of Sapporo

札幌郊外の黄昏

北海道新聞社

はじめに

日本において私製はがきの使用が認められたのは1900年（明治33年）。それから120年しかない絵はがきの歴史ですが、観光土産、記念、趣味、芸術、事件の記録など、いろいろな目的で多くの絵はがきが作成され、今に残されています。

本書では、明治40年代から終戦ごろまでに発行された、札幌の絵はがきを中心に紹介しました。撮影された時代の検証、歴史的事実の調査、画像に関連する情報の深堀りなどはしていません。単純に絵はがきの存在を紹介し、簡易的な解説を付記する程度にとどめました。絵はがきを見て、自由に感じ、想像し、仮説を立てるなどして、歴史をたどる楽しみを味わっていただければと思います。

これらの絵はがきが作成された時代には、一般にはカメラは普及しておらず、紙も貴重でした。だからこそ、現在に受け継がれた古い絵はがき一枚一枚は貴重な資料です。同時に、その本物のアナログ情報には、誰しもが何とも言えない郷愁を感じるのではないでしょうか。時には、キャプションが間違っていたり、裏焼きであったり、トリミングや彩色などで事実とは違う景色になっていたり……。そんな間違いを見つけるのも楽しいものです。

絵はがきを見ていると、今と比べて不便そうに見える生活環境にありながら、人々は楽しみながら生活をしていた様子がうかがえます。建物や看板、乗り物などからは、当時の街の状況が分かり、時代による変化を感じることもできます。さらにじっくりと眺めていると、時代や場所などを読み解くカギ（ヒント）が随所に散りばめられてることが分かります。忘れられた風俗習慣、出来事などの再発見や、驚きの新事実が見つかるかもしれません。

私は、子どもの頃からマッチラベルを中心に燐寸（マッチ）に関連するものを収集してきました。上川管内中川町で生まれ、5歳のころ札幌に引っ越してきて豊平区平岸で育ちましたが、社会人になってからは40年、いくつか住まいは変えたもののほとんどの年月を千葉県で暮らしています。離れて住んでいるからこそかも知れませんが、札幌に対する想いは人一倍強いと思います。そんなことから、マッチラベルを収集する過程で、故郷の北海道、とりわけ札幌関連の絵はがきや資料などを見つけると、ついつい入手してしまい、気が付くと膨大な量になっていました。

その中から、私たちの父母や祖父母、曽祖父母が青春を過ごしたであろう札幌をイメージできるような絵はがきを選び、一冊にまとめました。

札幌は、この150年間で人口200万人を抱える大都市に成長しましたが、原生林は保護され、整備された公園など憩いの場所も多く、自然と文化が調和した便利で住みやすい街です。これらの快適な暮らしを享受できているのは、ひとえに先人の努力の積み重ねによるものです。本書を見て、その先人への感謝の気持ちを持ち、この街を愛し、これからも大切に守り育てていく、そんな思いを抱く方々が少しでも増えるきっかけになれば幸いです。

2020年1月

上ヶ島　オサム

絵はがきのなかの札幌＊もくじ

札幌駅東側（北6西1）辺りからの風景を描いた絵はがき

本書は、明治時代から昭和初期にかけての絵はがきを中心に紹介します。長い年月を経ているうえ、複数の人の手に渡ってきているため、紙の劣化や退色、傷や破損、汚れ、書き込みなどが見られる絵はがきが多数あります。古い絵はがきの資料性、風合いを生かすため、汚れや破損も含めて実物に近い状態で掲載しました。

札幌停車場と停車場通

場車停　（市幌札）
View at Sapporo of Hokkaido.

最新の札幌〔停車場〕

View of Sapporo at Hokkaido

▲駅前広場に井戸。水遊びをする子どもの姿が見えます。
写真中央の奥にあるのは電話ボックスでしょうか

上の絵はがきの一部を拡大

THE SAPPORO STATION　　　　札幌停車場の景

009 札幌停車場と
　　　停車場通

▼昭和初期頃、手前に路面電車の線路が敷設

VIEW OF SAPPORO
AT HOKKAIDO.
テーシヨン　〔札幌〕

▲駅舎正面に盛土が見えます。何かの工事中でしょうか

▼停車場前の広小路にずらりと並ぶ人力車

場車停幌札
Sapporo Station.

Wide Street fore Sapporo Station.　路小廣の前場車停幌札

Hokkaido Sapporo Meisiyo,
（札幌）　停車場通り

札幌停車場と
停車場通

上下どちらの絵はがきにも同じ家族連れの姿。モデルを
使った撮影のようです

あしかやの並木
（札幌停車場通）

The Station Street in Sapporo.
札幌停車場通

▲中央に小さく写っているのが駅舎です

THE STREET BORDERED WITH ACACIA TREE
LEADING TO THE STATION, SAPPORO.
（札幌名勝）アカシヤ茂る停車場通り

The street before the Station of Sapporo.
札幌停車場通　（札幌名所）

▲自動車が庶民には一般的でない時代。停車している場
　所は、停車場通に面した自動車販売会社の前。歩道に
　は移動式のガソリンスタンドが見えます

上の絵はがきの一部を拡大

[最近の札幌] 停車場通り

View of Sapporo at Hokkaido

▲停車場通の歩道にあるのは水道のポンプ？　各家庭
に水道が敷かれていない時代です

上の絵はがきの一部を拡大

The View of Sappro, Hokkaido.
（札幌）　　　停車場通り

札幌停車場と
停車場通

▼絵はがきセット「最新の札幌」の1枚

停車場通　［最新の札幌］
View of Sapporo at Hokkaido.

札幌停車場通り
The Sapporo Station Street.

▲電車は五番館付近が終点の時代

▼まだ電車がない時代。中央に乳母車を引く子ども

札幌停車場と
停車場通　　*016*

停車場通
The Road to the Station.

The Sapporo Station street
札幌停車場通り

▲左下に丸型ポスト。モダンな建物が並んでいます

▼北門銀行付近

札幌停車場と
停車場通

Sapporo Staitiondori.　　　　（近附行銀門北）通場車停幌札

▲瓦屋根や雪止めを取り付けた屋根。当時の屋根の様子が分かります

Main Street in Sapporo

TRAIN LEAVING SAPPORO. 汽車札幌を出づ

▲小樽方面に向かうＳＬ

▼五番館の壁には取扱商品が書かれています

SAPPORO GOBANKWAN. 札幌五番館全景

THE STREET TO THE SAPPORO STATION.　　通場車停（區幌札）

▲遠くに御神輿が見えます。お祭りのようです

▼桑園通。競馬を案内する看板が見えます

通園桑前局道鐵　（幌札）
View of Sapporo ta Hokkaido

北三條通　　　　　　（札幌）

▲創成川付近からサッポロビール方向を写した風景でしょうか

▼馬車鉄道の時代

The Station-street Sapporo.

停車場通（札幌）

A THROUCHFARE IN FRONT OF DEPOT

り通前車停幌札

▲大正時代頃の馬車鉄道。荷車を引く馬の姿も見えます

▼昭和20年代頃の路面電車

驛前通り　　　　　　Station Way　　　　　最新の札幌

北
一
条
・
時
計
台
・
道
庁

023　北一条
　　　時計台・道庁

The antique clock tower……
a famous landmark in Sapporo

札 幌 時 計 台
ー北海道代表風景ー

（札幌）　　　　　　　　　　区役所

札幌区役所は、現在の札幌市役所駐車場の場所にあり、時計台と
並んでいました。上と下の絵はがきはほぼ同じ角度からの写真で
すが、樹木の高さが異なることから、時代が違うようです

臺計時及所役市　（札幌）
View at Sapporo of Hokkaido.

THE CLOCK TOWER, SAPPORO.
（札幌名勝）ゆかしき鐘の響あゝ時計臺

▲今は白い壁の時計台。創建当初は灰色だったそうです

▼北一条通。これもモデルを使った撮影でしょうか

The Kitaichijo at Sapporo.　廣壯なる札幌北一條通り

（札幌）北一條通り　　　　　　　　　　　　　　ST.KITAICHIJO. (SAPPORO.)

▲この先には札幌神社（現・北海道神宮）があり、この通りは表参道と呼ばれています

▼札幌逓信局前

VIEW OF SAPPORO
AT HOKKAIDO.
局信逓幌札り通條一北　（幌札）

THE HOKKAIDOPREFECTURAL OFFCE SAPPORO　北海道廳　（札幌）

▲ 1911年（明治44年）に火災復旧工事が完了した道庁赤れんが庁舎

▼明治時代末期頃の道庁赤れんが庁舎

Palais du Gouvernement du Hokkaido.

(SAPPORO 札幌)　　HOKKAIDO ADMINISTRATION BUILDING.　北　海　道　廳

▲現在、八角塔があるあたりの場所に人が立っています

THE OFFICE OF HOKKAIDO ADMINISRATION　　北　海　道　廳（札幌）

Docho-Nishimontori, Sapporo.　北海道廳西門通り　（札幌）

▲北海道庁西門通の馬車鉄道

ラグランドホテル （札幌）

▲ 1935年（昭和10年）頃。開業直後のグランドホテル

▼平和の並木というキャプション。「札幌風光」という
　セットの1枚ですが、場所が不明です

M 72　（札幌風光）　平 和 の 並 木

大通・豊平館・創成川

View of Odori St, Sapporo.　　　大通の展望　〔札幌〕

View of Odori St, Sapporo. 大通ノ展望 （札幌）

望ム北部ヨリ通場車停ルモト驛停
Look Down to North from Station street.

▲停車場通より北部を望む

▼大通西2丁目には郵便局がありました

THE GREAT STREET GARDEN ABUNDANT
WITH ALL KINDS OF FLOWERS, SAPPORO.　園遊滑通大るせ貫縦な央中の市て以な壇花の紫紅　（勝名幌札）

札幌大通遊道地　　　（北海道）

THE GREAT STREET GARDEN ABUNDANT OF ALL SORTS OF
FLOWERS RUNNING THROUGH MIDDLE OF THE CITY, SAPPORO.
札幌名勝　北海の堰化で以た市の中央を縦貫せる大通遊道園

大通永山将軍銅像及郵便局　（札幌）
View of Sapporo at Hokkaido.

花壇が美しく整備されています

札幌　大通道遊園

札幌大通遊園
Shuyouen, Sapporo.

大通公園3丁目にあった永山将軍銅像は戦時中の金属類回収令により解体されました

（札幌市）　大通郵便局及永山将軍銅像
View at Sapporo of Hokkaido.

Hokkaido Kaitaku Kinenbi. 碑念紀拓開道海北り通大幌札

開拓記念碑。1901 年（明治 34 年）に偕楽園（現・偕楽園緑地＝北区北 6 西 7）
から大通公園 6 丁目に移設されました。札幌にある記念碑の中でも最も古いも
のだそうです

(SAPPORO 札幌) THE BRONZE STATUE OF COUNT KURODA AND THE MONUMENT OF THE IMPROVING OF HOKKAIDO. 黒田伯銅像及開拓紀念碑

▲大通公園7丁目にあった黒田伯銅像も戦時中に解体されました

（札幌）　大通リヨリ中島方面ヲ望ム

HOKKAIDO TAKUSHOKU GINKO 店本行銀殖拓道海北 （幌札）

▲北海道拓殖銀行本店。大通西3丁目にありました

Bank of takushiyoku. (Sapporo)　行銀殖拓と壇花の園公り通大　（札幌）

The Sapporo Post office, Hokkaido. 豊平館前ヨリ札幌郵便局ヲ望ム

▼豊平館は 1880 年 (明治 13 年)、大通西 1 丁目の北側に立てられた洋造ホテルです。
1958 年、中島公園に移設され、1964 年には国の重要文化財に指定されています

豊平館 (札幌)
View of Sapporo at Hokkaido.

当時のカラーの絵はがきはモノクロ写真に彩色したものが多いのですが、
絵はがきによって豊平館の色はまちまち。さて何色だったのでしょう

Building Hoheikan, Sapporo.
豊平館　札　（札幌名所）

▼現在のＮＨＫ札幌放送局などがある場所に豊平館がありました

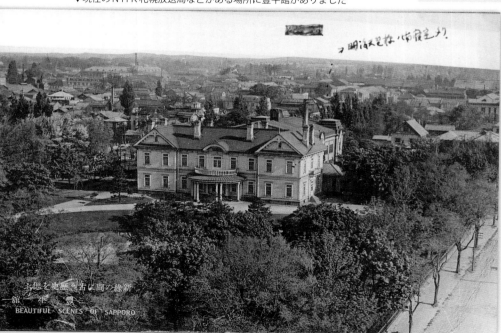

新緑の間に古を偲ぶ庭園を夏
豊平館
BEAUTIFUL SCENES OF SAPPORO

B-144 BAND OF SÖSEI RIVER Sapporo 　　　　　　　　　　　　　　　　札幌創成川畔

大通西1丁目にあった望楼から創成川を望む。上は南側、下は北側を写す

A wide view of the northern part of the City of Sapporo.
札幌市街北部展望　（札幌名所）

札幌創成河畔ヨリ北部遠望
Panorama of Soseigawa St., Sapporo.

▼遠くに望楼が見える珍しい方向から写した光景です

詩の都札幌　　　Poetical Sapporo　　　最新の札幌

札幌市

消防本部の望楼。1927年（昭和2年）大通西1丁目に建てられました。高さ43メートルもあり、当時「東洋一」と言われていたそうです。札幌のランドマークでしたが、1965年に役目を終え、解体されました

創成河畔　　　　Sapporo Sosei River　　　最新の札幌

望楼 [最新の札幌]
View of Sapporo at Hokkaido.

消防の望楼ができた当時、札幌市内の高い建物は、丸井今井百
貨店、北海タイムス（北海道新聞社の前身）の4階建てぐらい
しかなかったそうです。札幌中心部を俯瞰する絵はがきの多く
は、この望楼からの写真をもとに作られているようです

THE STREET GARDEN WITH ALL SORTS OF
FLOWERS AND THE WATCH-TOWER, SAPPORO.
札幌名勝）札幌大きし美し畑園と望楼

▼上の絵はがきを部分拡大。望楼の上から下を見下ろしている人が
　いて、下には群集。何の光景なのでしょうか

南一条・百貨店

丸井今井百貨店の写真を使った絵はがきは、数多く残されています。地元では「丸井さん」と「さん」付けで呼ばれるほど、札幌市民に親しまれてきたデパートです。一定の年齢以上の方は、の文字で通じるはずです。

私が子どものころには、「街に行って、丸井さんでお昼を食べる」というのが、年に一度の大きな楽しみでした。丸井今井の絵はがきを見ると、たとえ時代が異なっても、屋上で遊んだ子どものころを思い出し、郷愁に浸ることができます。

札幌では、中心街に出かけることを「街に行く」と言います。これは、今の十代の札幌っ子たちも同じだそうです。

BIRD'S-EYE VIEW OF SAPPORO CITY.
（札幌）望遠よりむ望北海首都の街観

店服呉井今ルタ見リヨ上機行飛

▲「飛行機上より見たる今井呉服店」というキャプションは誤り。
望楼からの景観を絵にした絵はがきと思われます

（札幌）北海の首都サツポロの展望

THE OUTLOOK OF SAPPORO CITY. (SAPPORO.)

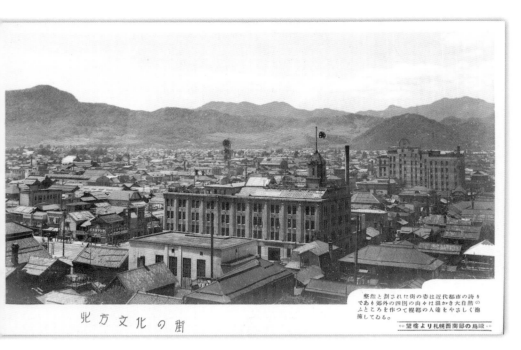

北方文化の街

整盤と割された街の姿は近代都市の誇り
であり郊外の四囲の山々は温かき大自然の
ふところを作つて幌都の人達をやさしく抱
擁してゐる。

○○望楼より札幌西南部の鳥瞰○○

望楼から南西方向を展望する写真には必ず丸井さんがメインに存在
感を示しています。時代の違いによる街並の微妙な変化も分かります

The View of Sapporo Hokkaido.

（札幌）　　　　市街ノ西南部ヲ望ム

店服呉井今幌札

▲大正15年（1926年）頃。本店新築オープン直後

▼屋上より南東方向を望む

Sapporo Marui Okujo Tenbō. 望展部東南リよ上屋店服呉⦿幌札

▲丸井さんの屋上は子どもたちにとって夢のような場所でした

▼創成橋から丸井さん方面を写した光景

BEAUTIFUL SCENES OF SAPPORO.

053 南一条
百貨店

▼三越周辺におけるビル新築工事の様子が分かります

札幌市繁華街の中心
四丁目十字街

VIEW OF SAPPORO
AT HOKKAIDO.
南一条通り十字街　（札幌）

▼上の絵はがきの部分拡大。十字街の南一条通をう
ろついているのは野良犬でしょうか

SAPPORO, WOODY AND MODERN CITY IN HOKKAIDO
AND HAVE MANY GOVERMENT OFFICE.
〔札幌勝景〕活氣溢るゝ四丁目交叉点及建立の物築建的代近々さ堂ぶ

▲▼三越の前に富貴堂の看板が見えます。富貴堂は現在のパ
ルコの辺りにあり、学生時代大変お世話になりました

南一條通り
South 1st Street

SAPPORO, WOODY AND MODERN CITY IN HOKKAIDO AND HAVE MANY GOVERMENT OFFICE.

〔札幌時景〕 三階越上り憶職た。ろ。全く交通道の中心點。明色浮えわたる札幌市街。

三越屋上からの眺め。上は東側、下は西側

札幌三越屋上よりの眺望

THE MINAMIICHIJŌ-IŌRI SŌSEIBASHI SAPPORO　札幌区南一條創成橋

▲明治時代末期頃の創成橋と馬車鉄道

▼創成橋付近から西側を望む

札幌南一條通
The Minami-Ichijo Street in Sapporo.

(小島遼太慰窓村) Famous Place at Hokkaido. 況實通條一南幌札

▲南一条通。路面電車の線路の敷設工事
でしょうか。右の建物は丸井呉服店。
後の丸井今井百貨店です

A view at Sapporo, Hokkaido　（幌札）　通條一南

A THROUGHFARE OF NISHI NICHOME　り通目丁二西（幌札）

▲南一条西二丁目の通り。側溝にあるも
のは何でしょうか？

上の絵はがきの部分拡大

SAPPHORO HOKKAIDO　　　　り通目丁三西條一南　　　（幌 札）

▲現在の IKEUCHI ZONE 辺りからの写真でしょうか？

▼上部中央に写っているのはＵＦＯではなく街灯です

南一条
百貨店　*060*

SAPPORO STREET IN HOKKAIDO.　　（景六十道海北）　　街市幌札都の北

▲札幌神社御造営木曳式の行列

061 南一条
百貨店

Street of Minami Ichi-Jo, Sapporo. 札幌南壹條通り

M 73 　（札幌風光）　文 化 の 交 叉 點

▲４丁目交差点付近

り通條一南　〔幌札の新最〕
View of Sapporo at Hokkaido

(F53) THE NISHI SANJO STREET, SAPPORO. 通條三西幌札

▲▼馬車鉄道

sapporo, HOKKAILO （幌札） 前座大近仁四南

狸小路（すずらん街）

札幌を代表する商店街「狸小路」。1869年（明治2年）、明治政府が「北海道開拓使」を札幌に置いた頃、現在の狸小路2丁目・3丁目辺りに商家や飲食店が建ち並び始め、数年後から、その一角が「狸小路」と呼ばれるようになったそうです。昭和初期から、すずらんの形をした街灯「鈴蘭灯」が設置されはじめ、「すずらん街」と呼ばれるようになりました。現在はアーケード商店街となり、「すずらん街」という呼称は聞かれなくなりました。

VIEW OF SAPPORO
AT HOKKAIDO.
（札幌）狸小路（すずらん街）

路小狸 〔幌札の新最〕
View of Sapporo at Hokkaido

▲右端に、金市館があるので、狸小路2丁目であることが
　すぐ分かります。すずらん街灯がない時代の狸小路です
▼博品館は、狸小路6丁目にあったデパート

街んらすﾞ （札幌）
View of Sapporo at Hokkaido.

路 小 狸 [幌札の新最]
View of Sapporo at Hokkaido

▲路上で遊ぶ子どもたち。かつて道路は子どもたちの
遊び場でした

路 小 狸 (幌札)
Tanuki-koji. Sapporo.

Street Tanukikoji in Sapporo.
札幌狸小路　（札幌名所）

▼二丁目の旗が見えます。アーケードが設置されたのは
1958 〜 60 年です

RED-LIGHT QUARTERS CALLED "TANUKI-KOJI", SAPPORO.
北海道首都第一の歓楽境、狸小路　（札幌）

▲路面電車の線路があるので４丁目（３丁目？）

▼狸小路、神田館前

薄野（ススキノ）

北日本最大の歓楽街・ススキノ。漢字では薄野と書きます。長年、絵はがきのコレクションをしてきましたが、薄野の街並みの絵はがきは少なく、中でも薄野遊郭の絵はがきは見たことがありません。

札幌南五條薄野
Susukino (South 5th Street), Sapporo.

美満寿（みます）館は、薄野地区の南5条西3丁目にあった映画館。1921年（大正10年）に建てられ、その後、札幌大映劇場、東宝公楽劇場、札幌東宝劇場、札幌東宝公楽と名称を変え、2010年に閉館しました

北海道大学（北海道帝国大学）

木並ラブ〃外郊幌札
The Poplra Avenue, Sapporo

北大ポプラ並木の絵はがき。まだ若木で背が低い

北海道帝國大學農學部　　〔最新の札幌〕
View of Sapporo at Hokkaido

文化の殿堂　北大理學部（札幌）

SAPPORO MUSEUM. 札幌博物館

（札幌）エルムの學園北大農學府
View of Sapporo at Hokkaido

ERUMU-NO-KANE OR BELL OF ELM, SAPPORO.
鐘のムルエ きしかつな出ひ思 （幌 札）

▲エルムの鐘

（6）　　　　　北海道帝國大學農科大學諸學堂

北海道帝國大學
The Hokkaido Imperial University.

The Engineering College, The Imperial University
of Hokkaido.　　　A famous place, Sapporo.
札幌名所　北海道帝国大学工学部

THE FARM OF SAPPORO AGRICULTURAL UNIVERSITY.　札幌農科大學附属農場

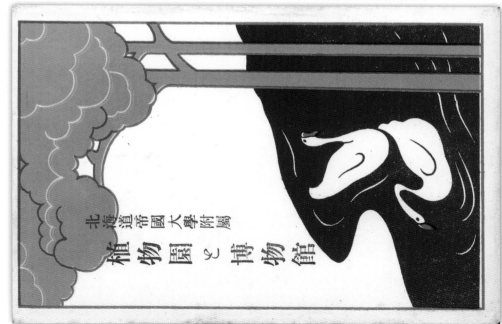

北海道帝國大學附屬大學病院
View at Sapporo of Hokkaido. （札幌市）

▼「北海道帝国大学附属　植物園と博物館」という絵はがきセット。封筒
の中に、次ページから紹介する8枚の絵はがきが入っていました

北海道帝國大學附屬
植物園と博物館

北海道帝國大學附屬植物園庭園

北海道帝國大學附屬植物園庭園

北海道帝國大學附屬植物園水禽

北海道帝國大學附屬植物園正門

北海道帝國大學附屬植物園温室

北海道帝國大學附屬植物園庭園

北海道帝國大學附屬植物園正門

北海道帝國大學附屬植物博物館

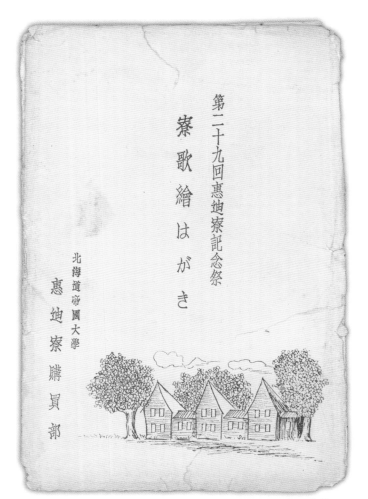

第二十九回惠迪寮記念祭

寮歌繪はがき

北海道帝國大學

惠迪寮購買部

戦前の恵迪寮の寮歌絵はがきセット。上の封筒の中に、さまざまな年代の
寮歌とイメージ写真を組み合わせた絵はがきが入っていました

豊かに稔れる石狩の野に
語られし若き日の
羊群声なく牧舎に帰り
手稲の嶺黒く雲間に消えて
はるかに仰ぐ北斗の星座の
打振る野分に破竹の豪音の
さやめく野辺に音もなく
北極星を仰ぐとき
きらめく愛に久遠の光

第九回恵迪寮記念祭
（明治四十五年寮歌第二節）

▲明治四十五年寮歌は、有名な「都ぞ弥生」。その2番の歌詞です

▼昭和六年　閉寮記念の歌

閉　寮　の　歌

（閉寮記念の歌の歌詞）

第九回恵迪寮記念祭

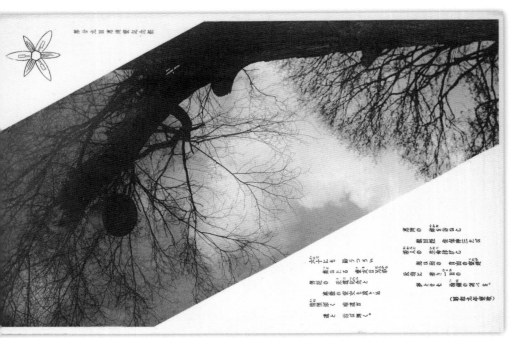

▲昭和九年寮歌

▼昭和五年寮歌

恋の学問恨むじと
雪原の荒漠に眉え沼でし
情熱なる若生の
情熱ゆく若命光しとき
若き力のよろこばば
我等ば胸に躍るなり

ケ悲生持る恋雲の
髪を聞きつ追逸へば
今は小廻き水下聞
悪若合咲けど春いでご
うつろひやき吹き日を
醒生の夢とたすねられ
（大正拾年寮歌）

第廿九囘農学記念祭

▲大正十年寮歌

▼昭和四年寮歌

（昭和四年寮歌）

▲▼明治四十五年寮歌　上は第 5 節、下は第 3 節

▲昭和三年寮歌

▼昭和七年寮歌

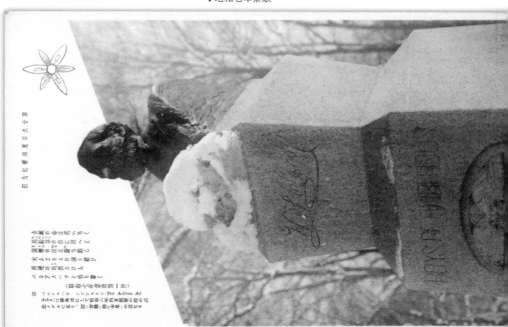

學府の札幌

（學校集）

維新堂ゑはがき部

發行

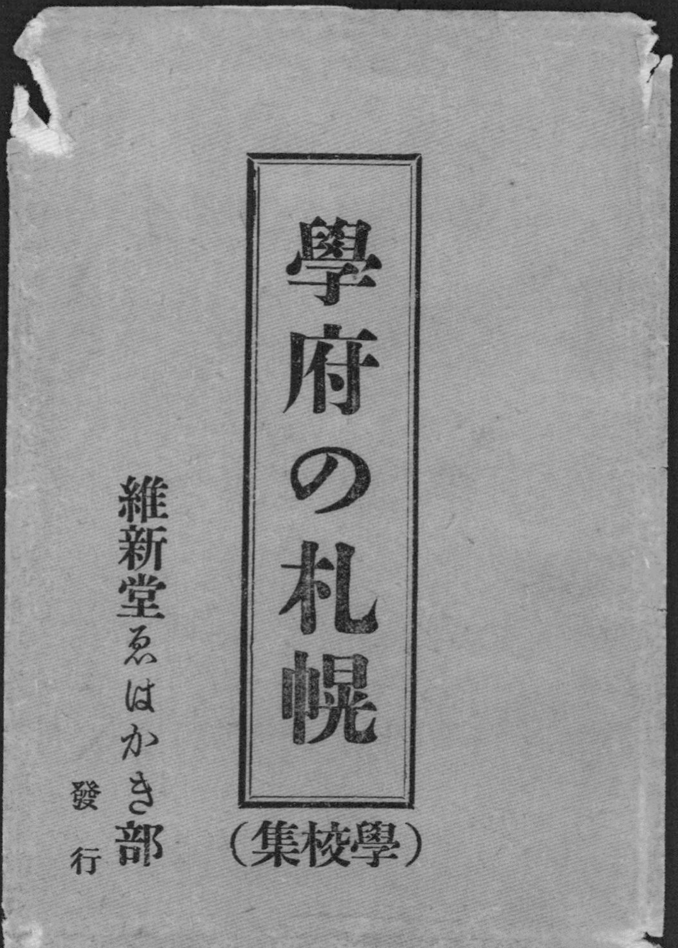

学校の校舎の写真を使った、戦前の絵はがきセット「学府の札幌」。

この封筒に、10枚が入っていました。全て冬景色です

（雞新堂謹行）　北海道帝國大學豫科講堂

▲北海道大学旧教養部

▼現在の北海道札幌南高校

（雞新堂謹行）　札幌第一中學校々庭

（雜所製行）

校學中二第幌札立廳

▲現在の北海道札幌西高校

▼現在の北海高校と北海学園札幌高校

（雜新堂發行）

校學業商幌札及校學中海北

学府の札

維新堂發行　　　　　　　廳立札幌師範學校

▲現在の北海道教育大学

▼１本ストックのスキーで学校へ。現在の北海道札幌工業高校

（維新堂發行）　　　　　　札幌工業學校全景

行堂新雖

廳立札幌高等女學校

▲現在の北海道札幌北高校

▼現在の北星学園女子中学高校

（雖新堂行）

北星女學校

（雅新堂發行）　　　札幌實科高等女學校

▲現在の北海道札幌東高校

▼絵はがきセット購入者のものと思われる書き込み。
　北海高等女学校は、札幌大谷中学・高校の前身

（私ノ通学して居る学校です。）

雅新堂發行　　　北海高等女學校

1931年（昭和6年）、豊平小学校開校50年記念の際につくられた絵は
がきセット。豊平小学校は、1881年（明治14年）につくられた寺子屋
を前身に、1883年（明治16年）に開校したそうです

学校 **094**

朝　禮

全校生徒　島中へ遠足

▲朝礼と遠足の風景

▼校歌。現在の校歌とは若干違うようです

校　歌

（一）

流れも清き豊平の
川とその名を一すぢ
敷の道を指さしつ
我が学舎はたてるかな

（二）

朝夕親しく手をとりて
学びの庭にいそしみつ
汗と力と身ふるへて
猪き活氏とならんかな

豊平小學校々歌

飯田廣太郎作歌
工藤富次郎作曲

（長校邊渡）ト景全校學小等高常尋平豐幌札

この 2 枚も豊平小学校ですが、豊平尋常高等小学校時代の
1913 年（大正 2 年）、校舎改築記念で発行されたものです

場式　校學小等高常尋平豐幌札

札幌市教育会主催第十二回夏季林間学校記念

札幌市教育会主催の夏季林間学校の記念絵はがき。
上が第 12 回、下が第 14 回

札幌市敎育會主催第十四回夏季林間學校記念

女子高等小学校は大通小学校の前身。西創成小学校は中央創成小学校と統合し創成小学校となり、2004 年、創成小、大通小など 4 校が統合して資生館小学校となっています

〔女四・三〕　おてんさんさん　西創成尋常等小學校運動會

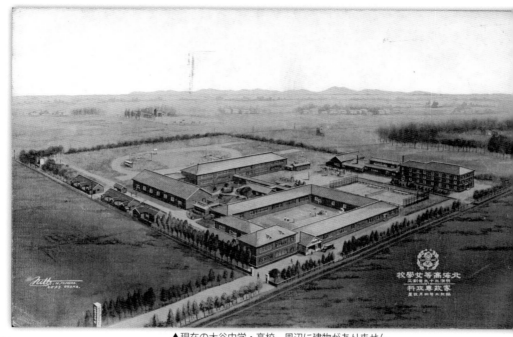

▲現在の大谷中学・高校。周辺に建物がありません

▼現在の北海道札幌東高校。女学生の花見（大正時代頃）

（御辨當てに下の花お）　見花おの校學業職子女立區幌札

（蘭島海岸ノ女生徒）　札幌逓信講習所忍路海濱生活記念

▲札幌逓信講習所の女生徒

▼札幌高等女学校（札幌北高校の前身）創立10周年記念絵はがき

片山製版　（第四学年生成績陳列）　札幌高等女学校創立十周年記念

創立滿参拾周年記念

北海道立札幌高等女學校

札幌高等女学校（札幌北高校の前身）創立30周年の絵はがきセット

▼1902年（明治35年）設立なので、30周年当時は1932年（昭和7年）

高等女学校

現 校長
江原玄治郎先生

校 舎

北海道廳立札幌高等女學校 創立三十周年記念

職　員　生　徒　一　同　　北海道立札幌高等女學校　創立滿三十周年記念

▼旧字体で記載された校歌

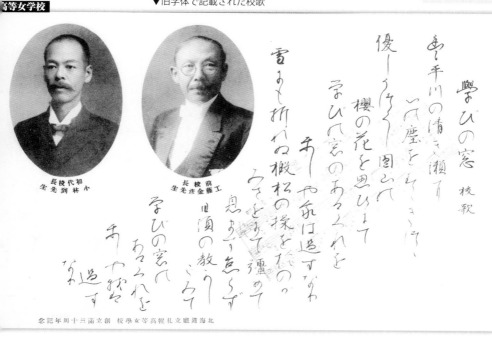

初代校長　小林到先生

前校長　工藤金産先生

北海道立札幌高等女學校　創立滿三十周年記念

（架橋競争）　札幌高等女学校観桜会円山公園にて学生遊戯

▲創立30年の絵はがきではありませんが、これも札幌高等女学校の絵はがき。
観桜会の架橋競走となっています

▼北海道大学運動会　大学予科余興

北海道大学運動会　大学予科余興（大正桃太郎）

札幌第一中學校雪戰會　騎馬戰

一中雪戦会

旧制・札幌第一中学校は、現在の札幌南高校。「札幌一中雪戦会」は 1897 年（明治30 年）から 1945 年（昭和 20 年）まで行われ、当時の札幌市民を熱狂させた大イベントだったそうです。さっぽろ雪まつりの原型のひとつといわれています

一中雪戦会

札幌第一中學校雪戰會　野仕合

城塞戰盜城　札幌第一中學校雪戰會

一中雪戦会

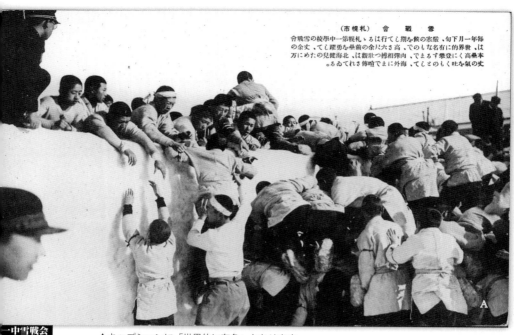

札幌第一中學校の雪戰會は、毎年一月下旬、積雪の候を期とし行はるゝ丈夫の余興、高さ六尺余の前壘を勇躍して、世界的に有名なるものなり、本豪華なにく登築すまるで、肉弾相撲つ壯觀は、北海健兒のためにめて万、丈の氣もくこてし、海外にまで喧傳されてゐる。

一中雪戦会

▲キャプションに「世界的に有名」とあります

▼明治時代の札幌中学校（現在の札幌南高校）の生徒体操。裏面に
　「学友会第 12 回運動会 42.9.12」のスタンプが押されています

札幌中學校　生徒体操

豊平橋・豊平川

▼先代の豊平橋。1924年（大正13年）に架けられました。
札幌を代表する建築物として観光名所ともなり、絵はがき
が数多く発行されました。現在の豊平橋は1966年架橋です

THE GRAND BRIDGE NOTED FOR THE ONE OF
THREE GREAT BRIDGES IN ORIENT, SAPPORO.

橋平豊一の橋大三洋東　（勝名幌札）

橋平豊　（幌札）
View of Sapporo at Hokkaido.

▲ 1925年（大正14年）、橋の上を通る市電が開
　通。定山渓鉄道の豊平駅まで通じていました

▼豊平橋の上から豊平町方面を望む

北海道の一豊平橋より豊平町を望む
BEAUTIFUL SAPPORO IN HOKKAIDO.

側面ヨリ見タル豊平橋新鐵橋

先代豊平橋が完成した1924年（大正13年）には、
開通記念の絵はがきが発行されました

豊平橋

一、鐵橋延長　　六十六間

一、輻員
　　電氣軌道　　三　間
　　車　道　　　四　間
　　歩　道　　　三　間

一、鐵橋工費
　　六拾五萬七千四拾貳圓

　　取付道路並堤防工事費
　　拾四萬六千六百拾七圓

一、開通　大正十三年八月

明治初年豊平川丸木橋

大正七年架換假橋

▲歴代の豊平橋

▼新鉄橋開通当時はまだ電車線路の敷設工事中だったようです

正面ヨリ見タル豊平橋新鉄橋

竣成せる豊平橋　札幌

▲渡橋式直前の様子。はしごの上でカメラを準備しています

▼多くの市民が橋の完成を祝いました

竣成せる豊平橋渡橋式實況　札幌

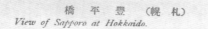

橋平豊（札幌）

View of Sapporo at Hokkaido.

▲豊平橋を走る電車。写真を拡大すると、河原では市民が水遊びをし
ているのが分かります

▲ 1897年（明治30年）ごろの撮影とみられる、洪水で倒壊した豊平橋。残骸は1888年（明治21年）に造られた豊平橋とされ、写真奥に完成間近の鉄橋が見えます。こうした歴史写真も絵はがきになっていました

Sapporo Toyohiragawa.

札幌豊平川の朝雲

▼東橋は、豊平川を人が渡る橋としては、豊平橋に次いで 2 番目に架けられた橋。絵はがきは鉄橋のトラス橋であることから 1951 年以降の橋とみられます

札幌東橋の夕暮
Eveningglow, Azumabashi, Sapporo.

Sapporo Minami Ichijōbashi.　　　　　　　　札幌南一條橋

▲札幌南一條橋は、現在の一条大橋。薄野にあった遊郭が 1920 年（大正 9 年）、上白石（現在の菊水地区）へ移転し、そのアクセスのため 1923 年（大正 12 年）に架けられたそうです。1938 年（昭和 13 年）に鉄橋に架け替えられる以前は木橋でした

B-145　TOYOHIRA RIVER　Sapporo　　　　　　　札幌豊平川

藻岩山

帰省するたび、新千歳空港から乗ったJRで左側の車窓から外の風景を眺めています。新札幌駅を過ぎたあたりからか、藻岩山が見えてきます。この山並みの景色を目にすると、故郷に帰ってきたのだと実感します。

藻岩山は札幌市民にしか分からない不思議な魅力を持った山だと思います。

古い絵はがきを見ていると、札幌の街並みはこの百年で全く変わってしまいま

明治神宮外苑聖徳記念絵画館壁画

【42】
北海道巡幸屯田兵御覧
高村眞夫・画
北海道廳奉納
石山鼻村建之

明治天皇が1881年（明治14年）9月1日、山鼻村の屯田兵を視察した様子を描いた絵画（高村眞夫・画）を使った絵はがき

TOYOHIRA RIVER　豊平川（札幌）

1907年（明治40年）〜1918年（大正7年）頃の豊平川と藻岩山。橋の上を馬車が行きます

Toyohiragawa tsutsumi yori Dai ichi Chūgaku-to Moyuwayama　札幌豊平川堤ヨリ見ルタ第一中學ト藻巖山

したが、藻岩山の姿は同じままです。

先日、久しぶりに藻岩山の山頂に行ってみました。ここからの眺めは格別で、何も考えず市内を眺めているとつい時間を忘れてしまいます。私にとって癒しの場所の一つであり、大げさな言い方になるかも知れませんが心のよりどころでもあります。

藻岩山をメインに写した絵はがきはあまりありませんが、藻岩山が背景に写された絵はがきはたくさんあります。

豊平川堤から見た第一中学（現在の札幌南高校）と藻岩山。1927年（昭和2年）以降の昭和初期の風景とみられます

MOIWA MT. AND TOYOHEI RIVER.　　札幌名所　藻岩山と豊平川

1918年（大正7年）の開道50年記念北海道博覧会のスタンプが入った絵はがき。藻岩山と豊平川というキャプションが付いています

▼中島公園が「札幌中嶋遊園地」と呼ばれていた時代の絵
　はがきセット

▲みんなで何を見ているのでしょうか？　　　　　　　　　　遊園地八景

▼中島公園にもポプラ並木があったようです　　　　　　　遊園地八景

地園遊嶋中幌札
Nakogima Pakr Sapporo.

遊園地八景

遊園地八景

橋地園遊嶋中幌札
Nakogima Pakr Sapporo.

▲拓殖館と奏楽堂

遊園地八景

遊園地八景

札幌中嶋遊園地岡田花園
Nakagima Pakr Sapporo.

遊園地八景

▼中島公園の結氷した池で毎冬行われていた氷上カーニバル。
　札幌の冬の風物詩となっていました

氷上カーニバル（札幌市）

北海道内各所で催さ
れる氷上の冬の風物
詩として、異色彩さ
二十一月の紀元節中心とし
クリスマスと共に、カーニバルは
札幌市中の名物行事である。
市民数萬は、その代表的な点で、
公園ポンドで行はれるのは
捲き込み溢に数榮の
賑むけのかる力持つてゐる。

Nakashima Park Sapporo　（札幌区）中島遊園地

▼冬は採氷場となるプールで遊ぶ子どもたち

（札　幌）中嶋公園プール
View of Sapporo at Hokkaido

Sapporo Nakajima Park.　札幌中嶋公園拓殖館

▲拓殖館

THE FINE SIGHT OF NAKAJIMA PARK. SAPPORO.
風光明媚なる中島公園　（札幌名勝）

車動自ルケ於ニ園公島中　（札幌）

▼ JOIK は現在の NHK 札幌放送局。もともとは中島公園の中にありました。さっぽ
ろテレビ塔完成に合わせて、大通にあった豊平館が中島公園へ移築され、その跡
地に NHK 札幌放送局が移転しました

JOIK　札幌中島公園内札幌放送局

〝幻〟の温泉

▼中島公園の近くにあったという中島温泉の
　絵はがきセット（4枚組）。1929年（昭和
　4年）に「札幌新名所　中島温泉」という
　タイトルで発行されたそうです

中島温泉・階上ホール

中島温泉

中島温泉

中島温泉・浴　室

札幌温泉

札幌温泉

▲札幌温泉は、札幌市中央区界川1丁目にあった「幻の温泉」。1926年（大正15年）に営業を開始し、温泉は定山渓温泉から引いていました。大規模なリゾート開発計画でしたが、数年間で事業破綻したそうです

▲別館貸室　　　　　　　　　　　　　　　　　　札幌温泉

▼大浴場　　　　　　　　　　　　　　　　　　　札幌温泉

札幌温泉　　　　　　　　▲正面階段

札幌温泉　　　　　　　　▼売店、右下に自動販売機。当時としては珍しい機械でした

SAPPORO ONSEN.
A PARADISE IN SUBURBS OF THE CITY.
大廣間　（札幌温泉）

▲大広間

札幌温泉

〝幻〟の温泉

▼札幌円山温泉。この温泉は荒井山の南側、宮ノ森にありました

円山温泉

Sapporo Maruyama Onsen

札幌圓山温泉

社寺

札幌神社（現在の北海道神宮）の絵はがきは、参拝記念に多くの人々
が絵はがきを購入したせいか、現存するものがたくさんあります。
下は 1923 年（大正 12 年）6 月 7 日。額殿木曳式の光景

社寺 13

北海道総鎮守 官幣大社札幌神社神殿額木曳式当日ノ光景
大正十二年六月七日　奉獻者　大島喜一郎

▲札幌神社社頭より札幌市街を望む景色

▼参道

▲冬景色の門

▼中島公園護国神社

VIEW OF SAPPORO
AT HOKKAIDO.
中島公園護國神社　（札幌）

▲本願寺札幌別院

▼東本願寺北海道御廟（藻岩山の山麓にあります）

風景絵はがきセット

▼大正末期〜昭和初期に発行された絵はがき
セット「札幌風景絵絵葉書」。中に何枚か「昭
和四年視察記念」のスタンプが押された絵
はがきがありました

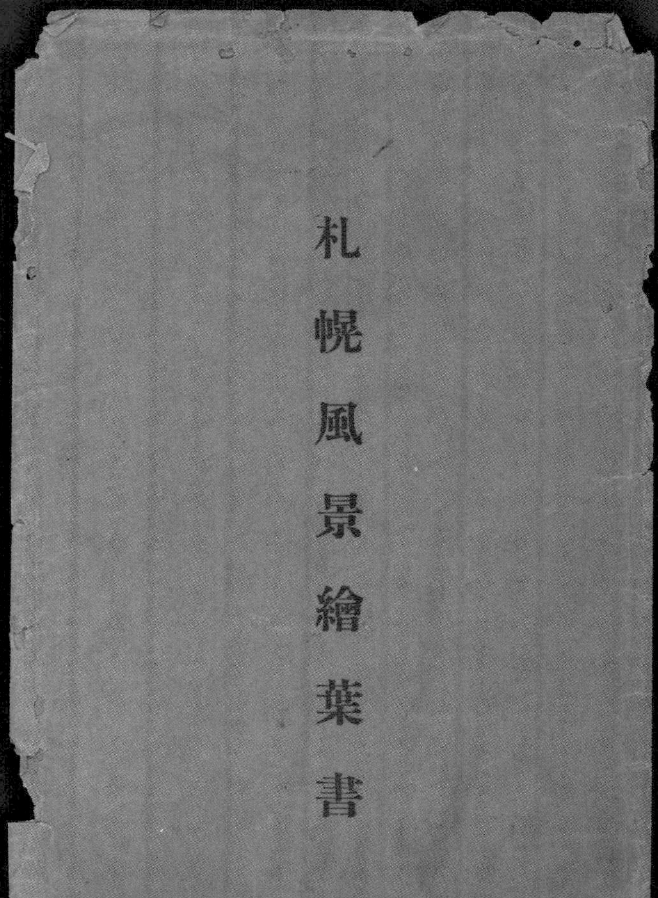

札幌風景繪葉書

停車場通り

札幌風景絵葉書

札幌風景絵葉書

狸小路鈴蘭街

豊平橋

幌風景絵葉書

幌風景絵葉書

大通公園

中島公園

北海道帝國大學農學部豫科庭

札幌風景絵葉書　　　　　　　　　　　　　▲植物園

札幌風景絵葉書　　　　　　　　　　　　　▼円山公園

札幌圓山公園の櫻

風景絵はがき
セット

昭和二十四年七月

札幌市 創建八十周年

自治五十周年 記念

さつぽろの今昔

札幌観光協會

札幌観光協会が 1949 年に発行した絵はがき
セット「さっぽろの今昔」

札幌の今昔

明治三十二年の南一條通り

現在の南一條通り

札幌の今昔　　　　　　　　▲南一条通り（明治 32 年と昭和 24 年）

札幌の今昔　　　　　　　　▼豊平橋（明治 4 年と昭和 24 年）

札幌の今昔

明治四年の豊平川の木橋

現在の豊平橋

THE NAKAJIMA PARK OF SAPPORO. 札幌 中島公園地

絵はがき帳「最新の札幌」。大正時代のものと思われます。このタイトルの絵はがきセットは年代ごとに複数あります。セットや綴りでオークションに出る場合もあれば、バラで出る場合もあります。この写真の絵はがき帳には 13 枚（うち 1 枚は写真が印刷されていない白紙のはがき）が綴られており、ミシン目で切り離して使えるようになっています

最新の札幌

VIEW OF ODOORI PARK SAPPORO. 札幌大通公園 （北海道）

THE BEER BREWERY SAPPORO. 店支幌札社會式株酒麦本日大 （道海北）

最新の札幌

最新の札幌

VIEW OF MINAMIICHIJYODORI TA SAPPORO. 通條一南幌札 （道海北）

風景絵はがき
セット

THE MARUYAMA PAEK OT SAPPORO, 見花の園公山圓幌札（道海北）

TEISHYABATORI SAPPORO, （五番館前）札幌停車場通 （北海道）

最新の札幌

最近の札幌　　　▼ここからは「最近の札幌」というシリーズです

北一條通市立病院 〔最近の札幌〕
View of Sapporo at Hokkaido.

路　小　狸　［最近の札幌］
View of Sapporo at Hokkaido.

風景絵はがき
セット

通院病學大　［最近の札幌］
View of Sapporo at Hokkaido.

最近の札幌

最近の札幌

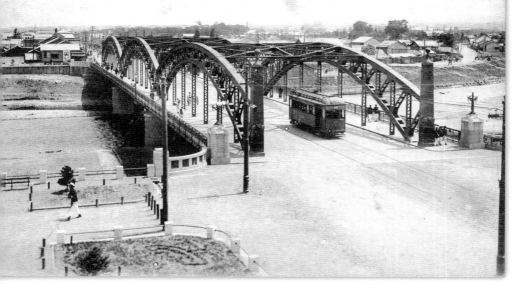

最近の札幌

大通永山将軍銅像及郵便局　〔最近の札幌〕
View of Sapporo at Hokkaido.

北海道帝國大學附屬博物舘　〔最近の札幌〕
View of Sapporo at Hokkaido.

局放送幌札　〔幌札の新最〕
View of Sapporo at Hokkaido

最新の札幌

▲札幌送放局？　放送局？
このはがきは「最新の札幌」となっています

最撮
いしくつ亭
幌札
SAPPORO
A
BEAUTIFUL CITY

明治後期から大正初期発行とみられる絵はがき帳「最新 うつくしい
札幌」。裏表紙に「札幌 冨貴堂書房　FUKIDO BOOK STORE」とクレジッ
トされており、この書店名が懐かしい札幌っ子も多いことでしょう。
北海道庁、札幌停車場、豊平館、札幌農科大学などのタイトルの 12 枚
が綴られており、ミシン目で切り離して使えるようになっています

うつくしい札

The Hokkaidō Prefectural Office, Sapporo.　　（幌札）聽道海北

The Sapporo Station.

（札幌）場　車　停

うつくしい札幌

うつくしい札幌

The street facing to the station, Sapporo.

（札幌）通　場　車　停

General view of Sapporo City. (part 2) 市街の展望（札幌）其二

市街地にほとんど自動車の姿が
ない時代。穴を掘って行ってい
るのは下水の工事でしょうか

y. (part 2) 二其 （札幌） 望展の

The Agricultural College, the Tōhoku Imperial University, Sapporo.　（札幌）　農科大學

うつくしい札幌

うつくしい札幌

The Hokkaidō Products Museum, Sapporo.　（札幌）　北海道産物陳列場

Distant view of Station. Sapporo.　札幌　北海道拓殖銀行ヨリ停車塲ヲ望ム

札幌農学校出身の相澤元次郎氏が 1908 年（明治 41 年）、札幌に創
業した種苗商社「相澤商会」が関係者に贈った絵はがき帳。1 枚目
が相澤氏の肖像写真で、これを含めて 9 枚の絵はがきが綴られて
います

相澤商会

相澤商会

Whole view of Post office Sapporo.　札幌郵便局全景

The Minamiichijo St. Sapporo. 札幌南一條通

相澤商会

相澤商会

Sapporo Branch office of Dainippon Brewery Co. 大日本麥酒株式會社札幌支店

航空写真・地図など

157　航空写真
　　　地図など

空中よりの大観　　　　A sight above the air　　　最新の札幌

▲大きなビルは丸井さんと三越ぐらいです

▼札幌市民なら誰もが「おや？」と違和感を持つでしょう。裏焼きの航空写真の絵はがきです。発行元は、と裏返してみると、「北海道庁」でした

THE PROSPEROUS VIEW OF THE CITY OF SAPPORO, SAPPORO.
繁盛を極むる札幌市街の展望 （札幌名勝）

▲撮影場所不明です

▼豊平付近の上空から市街を見渡した写真

札幌開府の恩人
島　判官

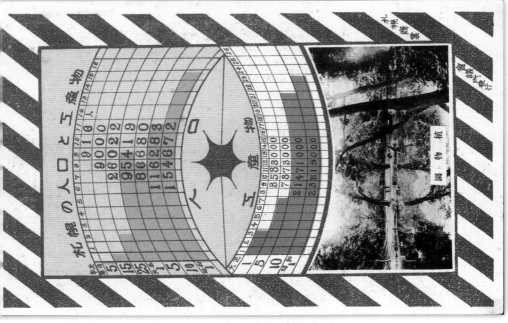

大正 10 年（1921 年）の人口は 11 万 6 千人。この百年間で急激に成長しました

1935 年（昭和 10 年）頃でしょうか。自動車が時速 48 ｋｍで 25 時間というのは「？」です

東京ー札幌間各種乗物所要時間比較表		
	時　速	所要時間
	４８ キロ	２５ 時間
	５０ キロ	３３ 時間
	１８０ キロ	６ 時間

▲大正末期頃の地図を使った絵はがき（地図の絵はがきは実物を拡大しています）

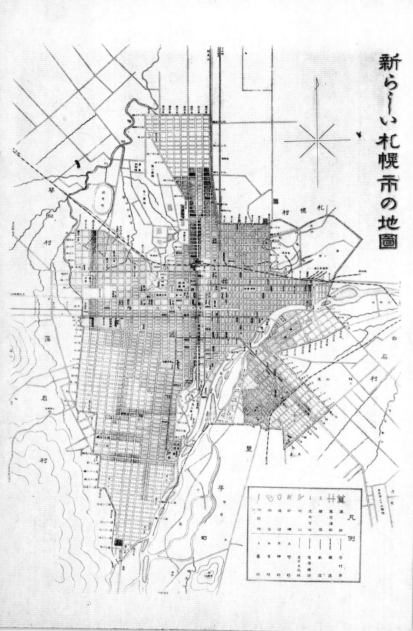

新らしい札幌市の地圖

札幌市周辺の町村名の記載があります

▲主要な施設などが赤文字で見やすく記載されています

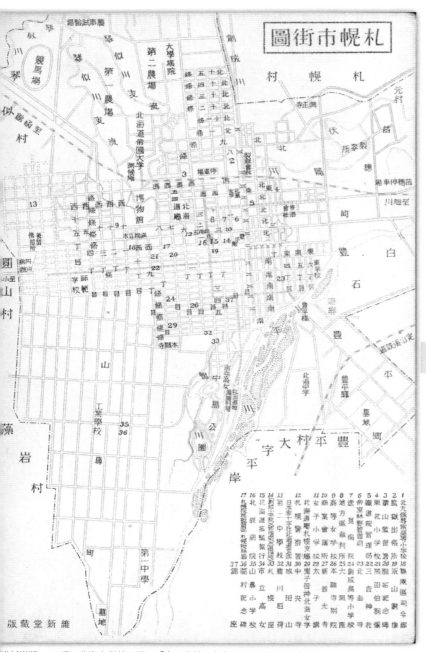

維新堂版。29番の北海女学校の冠に「鬼子母神」とあるのは何でしょうか

冬景色

子どもの頃、長いツララを取ってきてチャンバラごっこでよく遊んだものです。最近の住宅は無落雪屋根になり、ツララを見かけることも少なくなりました。札幌の冬の写真を使った絵はがきは数多く残されています。

STRANGE SIGHT OF ICICEL FRINGE
TELLING VERY COLD, WINTER SAPPORO.
（ウインタ・サツポロ） 嚴寒の威を示す軒端のツラヽ

景雪通塲車停幌札　（道海北）

▲停車場通。山形屋旅館付近

▼停車場通と豊平館

り通塲車停（幌札）

館平豊　（幌札）

THE GRAND SIGHT OF THE SAPPORO CITY THAT WAS
BEAUTIFIED BY THE SNOW, IN WINTER. (SNOW OF SAPPORO)
南一條商店街より稲手の連峯を見る　　（札幌の雪）

▲創成橋付近から西側を望む

▼豊平橋

豊平橋　（札幌）
View of Sapporo at Hokkaido.

Cutting Ice near Sapporo.
札　幌　氷　切り

▲ノコギリで氷を切り出す作業

鈴の音も

北海のそり美人

▼中島公園雪景色

SNOW VIEW OF NAKAJ MA-PARK, SAPPORO.
札幌の雪げしき 中嶋公園

（維新堂発行）

望遠館平豊ノ雪　　　（札　幌）

Tne distant view of the Hó hei-kan Hotel covered with suow (Sapporo)

▲豊平館前の馬そり（現在のテレビ塔付近か）

A THROUGHFARE OF NISHI NICHOME, SAPPORO　通丁二月西幌札

蝦夷地街道に御神威なくば

つれて行きたひ塲所までも

札幌橇美人

乳の牛る来りばく朝やれ晴雪（二其）（題十冬幌札）
The Milk Dealre. Sapπro Ishindo Series.

「うしのちち」は牛乳。冬は牛乳販売もそり

町の雪や笛のやならら米も朝今（七其）（題十冬幌札）
The Ruaya. Sappro Ishindo Series.

羅宇屋（らうや）は煙管（キセル）の修理・掃除や販売。笛の音を聞いて
たいものです

橇の籠子の人ゝれあ國の雪（六其）（題十冬幌札）

The cage Trader. Sappro Ishiudo Series.

（カゴ）の販売

雪女處る積に林始原。るあで堂殿のンマーキスるたれら知てつもな氣山の渾雄、大雄の衆睆の其、はブーロスる廻た山稲手る登に方西の市幌札
。るあがのもるしれ忘を座俗に境清の始原い難て捨も夜一の家の山だれらて建々所。うらあで味爛醗るたれらへ與に人道本、は味快るす走滑を

▼藻岩山スキー場。1本ストックでスキー

隊ーキス幌札の山岩藻
MOYUWAYAMA NO SAPPORO SKIYTAI.

（冬の北海道）　奥手稲

奥手稲スキー。リフトがない時代、歩いて登っていました

大倉シャンツェの出發点より着陸面を瞰瞰したる此觀
選手は五十米及四十米和期間しアヌーの疾出を爲し

▲昭和 20 年代頃の大倉シャンツェ。現在の大倉山ジャンプ競技場

グンピンヤジースキノ兒健海北ルケ於ニ山角三幌札
Sky-Jumping.

三角山でのスキージャンプ

▲宮様スキー宮の森デー

▼当時のストックは竹製でした。リング（雪輪）も竹製

スラローム
（山鼻手）
撮影者
宮崎深氏

札幌岳

手稲山をさして

横影者
山形三郎氏

區立札幌病院創立二十年
紀念

正門

病院全景

区立札幌病院

札幌北辰病院

▼札幌にも大きなぶどう畑があったようです

View mt. teina from grape-garden of Sapporo.　　む望を山稲手りよ園萄葡　　（札幌）

Near of Sapporo-Station　札幌停車場附近

▲札幌駅付近から西側を見た風景

▼川で洗濯をする人がいます（場所は不明）

THE OUTSKIRTS OF SAPPORO　札幌郊外

版堂星一西安 鼻 山 路道田屯東舊町鼻山區幌札

▲山鼻町東屯田道路。現在の市電停留所（東屯田通）付近と思われます

▼玉ねぎの収穫風景

(行發堂新誰) Crop of Onions near Sapporo. 獲牧ノ蕊玉近附幌札

PROSPEROUS TRANSPORTATION OF GRASSES （陸軍糧秣林所） 撒運の草牧るれ盛

陸軍糧秣所（苗穂）　上は牧草を運ぶ馬。下はウインチで牧草を積み上げる光景

積堆草牧　外郊幌札
THE TSUKISAPP MEADOW, BEING ATTACHED TO THE
DEPARTMENT OF AGRICULTURAL AND COMMEROE.

一初夏の風薫る廳舎（琴似）——

北海道農業試驗場風景

北海道農業試験場（琴似）。下の絵はがきを見ると周辺は畑だったことが分かります

（村似琴外郊親札）場驗試業工道海北
場驗試事農道海北

藻岩村

藻岩村は1906年（明治39年）、円山村と山鼻村が合併して誕生し、1938年（昭和13年）に円山町に名称が変わりました。この間に、藻岩村蔬菜（そさい）組合が発行したと思われる絵はがきセットです。蔬菜とは、野菜のこと。円山市場のにぎわう様子が分かります。

藻岩村蔬菜組合

藻岩村蔬菜組合円山販賣場　　　市場　（一部）

場賣販山円合組菜蔬村岩藻　　（景全）　場市

▲にぎわう円山市場（藻岩村）

▼馬繋場

場繋馬場賣販山円合組菜蔬村岩藻　　　馬繋場

▲蔬菜畑（野菜畑）

▼温床（苗を育てている場所）

MARUYAMAKOEN　円山原始林と円山公園

▲円山原始林と円山公園

▼札幌総合グラウンドは、現在の円山総合運動場

ドンラグ合総幌札　（勝名幌札）

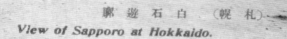

廓遊石白 （幌札）

View of Sapporo at Hokkaido.

〔札幌郊外〕 牧の舎宇都宮牧場

白石遊郭の絵はがき。遊郭の写真
を使った絵はがきは珍しく、この
1枚しか入手できていません

現在の白石区菊水付近にあ●
日本近代酪農発祥の地と呼ば
ているそうです

▲北海道鉄道が発行した絵はがき

SAPPORO, THE MODERN CITY
AND BUSINESS CENTRE IN HOKKAIDO.
道快遜清郷一坤乾 〔城札．選海北〕
◦色期明のスクンフルイ寒月

豊平・月寒

豊平区のホームページなどによると、現・豊平区域の町村の変遷は次の通り。

▼1872年（明治5年）月寒村、平岸村が開村

▼1874年（明治7年）豊平村が開村

▼1902年（明治35年）豊平、月寒、平岸の3村が合併して豊平村に

▼1908年（明治41年）町制施行により、豊平町へ改称

▼1910年（明治43年）旧豊平村の大部分が札幌区に編入。豊平町役場が豊平から月寒に移転

▼1961年（昭和36年）豊平町が札幌市と合併

豊平町役場。1930年（昭和5年）頃発行とみられる絵はがきセット。
役場の前の通りはアンパン道路。月寒あんぱん、時々食べたくなります

飛行機ヨリ見タル歩兵第二十五聯隊練兵場附近　（H 509　FO 25　3,7,21）

▲月寒にあった歩兵第二十五連隊。第二十五連隊の運動場付近には現在、札幌月寒高校があります

▼現在の川村青果店（月寒東１条５丁目）付近

Beauty view in the sapporo hokkaido,,　（札幌）　門正隊聯五十二第兵歩寒月

月　寒　阿　部　牧　場　　（其　二）

▲月寒阿部牧場は、現在の月寒西1から西岡5にかけて広がっていた広大な牧場でした

▼平岸のあたりはリンゴ畑が広がっていました。天神山や月寒公園で遊んだ頃の風景と重なっ
記憶に残っています

札幌近郊林檎園

ペニンリン園

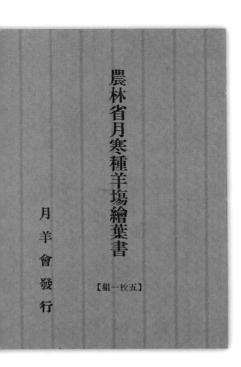

農林省月寒種羊場は、現在の羊ケ丘です。1906年（明治39年）に農商務省月寒種牛牧場としてつくられ、1919年（大正8年）に月寒種羊場が設置されたそうです。

月寒種羊場入口ヨリ廳舍遠望

（其一）　　月寒種羊場ノ緬羊放牧

（其四）　　月寒種羊場ノ緬羊放牧

月寒種羊場　〔成新の札幌〕
View of Sapporo at Hokkaido

198〜199ページの絵はがきセットとは別の月寒種羊場の絵はがき。
上下の絵はがきは同じ写真を使っていますので、どちらかが裏焼き
ということになります

月寒種羊場　（札幌）
View of Sapporo at Hokkaido

真駒内

Makomanai Meadow in Sapporo Suburbs.
(A famous place, Sapporo.)
札幌郊外　真駒内種畜場　（所名札幌）

A Pesture of Cows in Pokkaido-cho.
北海道臨道駒眞内種畜場牛の放牧

▲牛の放牧

▼牧草の刈り取り

▲豚の飼育

▼真駒内桜ヶ丘

定山渓鐵道線路略圖

定山渓鉄道

定山渓鉄道は、白石区の東札幌駅から南区の定山渓駅を結んでいた私鉄路線です。「定鉄（じょうてつ）」の略称で親しまれました。豊平駅で市電と接続しており、かつては札幌中心部から市電、定鉄を乗り継いで定山渓温泉へ行くことができました。1969年（昭和44年）に廃線になり、定鉄が走っていたルートの一部は現在、地下鉄南北線となっています。

▼ 1929 年（昭和 4 年）、定山渓鉄道株式会社が電化記念として発行し
絵はがきセットのケース。裏面に定山渓鉄道の路線図が描かれてい
す。開業当初は、白石駅から豊平駅を経て定山渓まで通じていまし
白石―東札幌は 1941 年（昭和 16 年）に旅客営業を廃止、1945 年
和 20 年）廃止になっています

電車内部

車　電　（定山渓鐵道株式會社）

▲電車の外観

▼変電所内設備

藻ノ澤變電所

變電所内設備　（定山渓鐵道株式會社）

定山渓温泉

（定山渓鐵道株式會社）　眞駒内浴線

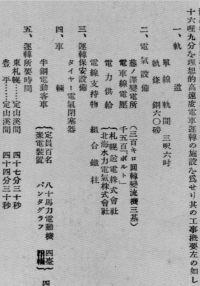

定山渓鐵道電化工事概要

當社線は省線白石驛より分岐し札幌市内豊平を經て（市内電車社線豊平驛に連絡）定山渓温泉に通ずる十八哩六分の鐵道にして大正七年十月十七日開通す爾來年々浴客増加に伴ひ之れが來往の利便を計り輸送の充實と運轉時間の短縮を目標に東札幌定山渓間十六哩九分を理想的高速度電車運轉の施設を爲せり其の工事概要左の如し

一、軌　道
　　單　線　　軌間　三呎六吋
　　軌條　　鋼六〇磅

二、電氣設備
　　藤ノ澤變電所（三百キロ囘轉變流機三基）
　　電車線電壓　　千五百「ボルト」
　　電力供給（札幌送電株式會社）（北海水力電氣株式會社）
　　電線支持物　　組合鐵柱

三、運轉保安設備
　　タイヤー電氣閉塞器

四、車　輌
　　半鋼電動客車（定員百名）八十馬力電動機　四臺（藥電裝置パンタグラフ）　四輌

五、運轉所要時間
　　東札幌……定山渓間　　四十七分三十秒
　　豊平……定山渓間　　四十四分三十秒

絵はがきセットのケースの裏面に記載されている「定山渓鉄道電化工事概要」

207　定山渓鉄道

定山渓

古くから「札幌の奥座敷」と呼ばれて栄えてきた定山渓温泉地区。北海道を代表する観光地だけに、絵はがきは昔からたくさん発行されています。

The View of Jozankey Hot Spling at Hokkaido

ラク湯の鹿　（所名泉温渓山定）

▲鹿の湯クラブ（現在のホテル鹿の湯）

▼鹿の湯クラブの千人風呂

鹿の湯クラブ千人風呂　　（定山渓名勝）

（ホテル前庭）　　　札幌近郊定渓

▲定山渓ホテル

▼舟遊場より定山渓ホテルを望む

む望をルテホ渓山定りよ場遊舟　（勝名渓山定）

The View of Jozankey Hot Spling at Hokkaido

（定山渓温泉名所）　見晴ヶ丘より温泉場を望む

▲見晴ヶ丘より温泉場を望む

▼月見橋より定山渓ホテルを望む

（定山渓名勝）　月見橋より ホテルを望む

（定山渓名勝）　蕗　の　林　（奥千丈方面）

▲蕗（ふき）の林

▼定山渓鉄道と定山園

定山園

定鐵沿線御料峡

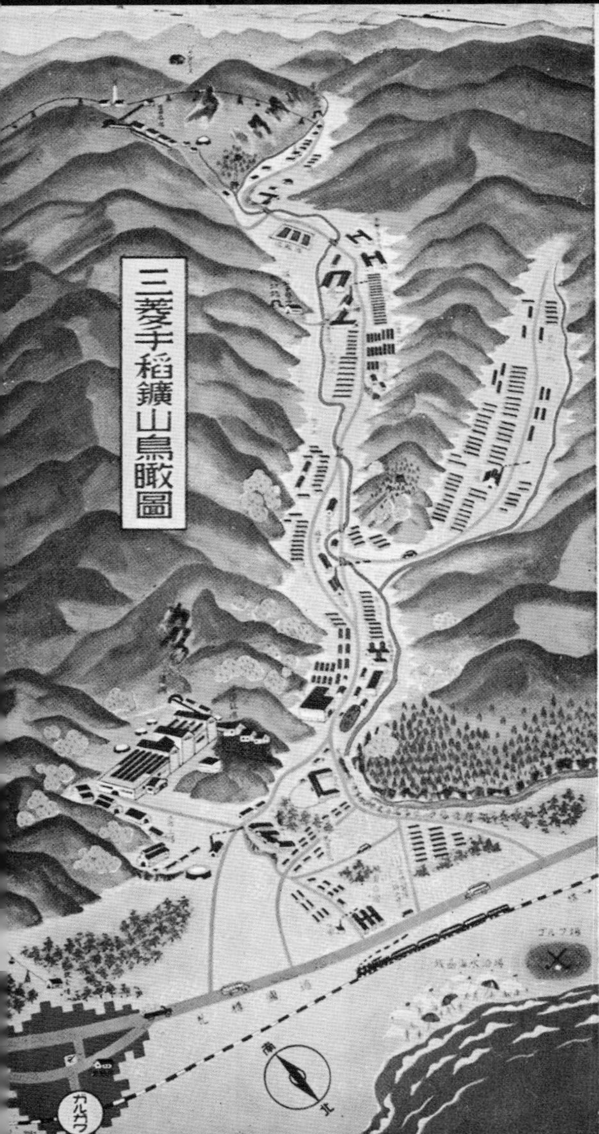

三菱手稲鑛山鳥瞰圖

産金報國ノ手稲鑛山

手稲鑛山ハ三菱鑛業株式會社ノ經營ニカヽリ札幌市郊外稲川縣ノ函館本線ノ西南約二十キ、札幌圓道省バスノ沿線ニ在リ、手稲連峰ノ山腹ニ冬季オリンピックスキー競技場ヲ控ヘテ風光明媚ニシテ、一帶ノ下石狩平野ノ經圖ヲ一眸ノ下ニ收ム。春ハ利ナルコトノ青松々々ノ丹崖ノ新綠ニ增毛山連山、雄夷ノ牧ヲ開邸スル大ナル風光、夏ハ稲ノ檜瀑ヲ過グ新綠・紅葉、スキー冬山ハ花見・海水浴・釣魚・登攀等四季ヲトリヽノ行樂ニ札幌圓都市ヨリ杖ヲ曳クモノ多ク、従ッテ山中ニ旅館ノ瀑、賣光、龍等名所アテ、徒業員ハ一意産金報國ヲ念ジ熱誠其ノ從ヒ生活ヲ楽シミツヽアリ。

近年大規模ノ選鑛設備、社宅、病院、學校等完成シ、

日本でも有数の金鉱山だったようです

花櫻ノ口入館風光川輕

▲軽川光風館は手稲にあった温泉旅館（現在の手稲区富丘６条３丁目付近）。
　手稲駅は 1952 年（昭和 27 年）まで軽川駅という名称でした

光岡館正面坂 ▶

輕川光風舘正面ノ抜木蔭

▼手稲区ホームページなどによる
と、現在の手稲区前田の地名の
由来になった前田農場は 1894 年
（明治 27 年）から 95 年（明治
28 年）に創設され、当初は茨戸（現
在の北区）が本場、手稲村軽川（現
在の手稲区）が支場で、1906 年
（明治 39 年）軽川に本場を移転
したそうです。下の絵はがきは
茨戸の放牧場です

前田農場放牧場（茨戸）

開道50年記念北海道博覧会

開道50年記念北海道博覧会は1918年（大正7年）8月1日～9月19日に開かれた北海道初の本格的な博覧会でした。第1会場は札幌の中島公園、第2会場は札幌の北1西4にあった工業館、第3会場は小樽の水族館。140万人以上が来場する大イベントだったそうです。札幌ではじめての電車も開通しました。

記念繪葉書北海道博覽會開道五十年記念

北海道繪葉書俱樂部

▼札幌停車場前の歓迎門

KAIDO 50NEN KINEN HOKKAIDO HAKURANKWAI　門迎歡　前場車停幌札　會覽博道海北念記年十五道開

KAIDO 50NEN KINEN HOKKAIDO HAKURANKWAI （札幌）　機械館　開道五十年紀念北海道博覽會第一會場

▲機械館

▼演芸館

KAIDO 50NEN KINEN HOKKAIDO HAKURANKWAI （札幌）　演藝館　開道五十年紀念北海道博覽會第一會場

観壮ノ央中場會一第會覽博道海北念記年十五道開

▲第一会場

開道50年記念
北海道博覧会

▼第一会場正門

門正場會一第會覽博道海北念記年十五道開

▲第一会場全景の絵はがき

▼第一会場。大正〜昭和初期の絵はがきには、北海道の農産物などが
デザインされたものをよくみかけます

▲第二会場の工業館

▼第三会場の風景

北海道物産共進会

中島公園は1887年（明治20年）、園内に北海道物産陳列所が作られ、道内の特産品を集めた博覧会「北海道物産共進会」の会場となりました。この絵はがきは、「明治39年北海道物産共進会記念日9・15」のスタンプがあり、1906年（明治39年）に開かれた物産共進会の記念絵はがきセットとみられます。

石狩浜の漁撈

札幌農学校第一農場

北海道物産共進会

北海道物産共進會紀念

北海道礦鐵道株式會社夕張礦處

北海道物産共進會紀念
第一陳列館

国産振興博覧会

1926年（大正15年）8月1日〜8月30日、中島公園などを会場に開かれました。北海タイムス社（北海道新聞社の前身）が、創立25年記念事業の一つとして主催し、メイン会場の中島公園には、3府6県と日本の統治下にあった台湾、樺太（現サハリン）が出展。拓殖館、農業館、機械館、畜産館、歴史館が並んだそうです。絵はがきも北海タイムス社発行です。

The advertising-tower of White Portwine. 　白玉ボートワイン廣告塔 　（國産振興博覧會）

▲白玉ポートワイン広告塔

国産振興
博覧会

▼第一府県館

The Ist Local-products Building. 　第一府縣館 　（國産振興博覧會）

Nakajima Park, the Ist Dept.　　畔池園公嶋中場會一第　（會覽博興産國）

▲第一会場　中島公園池畔

▼第一会場

The Ist Department.　　場　會　一　第　（會覽博興産國）

The machinery-Building.　　　機　械　館　　（國產振興博覽會）

▲機械館

▼第一道産館

The 1st Hokkaido-Products Building.　　　第　一　道　産　館　　（國產振興博覽會）

The History-Building.　　　　　歴　史　館　（國産振興博覧會）

▲歴史館

▼札幌館

Sapporo Building.　　　　　札　幌　館　（國産振興博覧會）

国産振興北海道拓殖博覧会

国産振興北海道拓殖博覧会（拓博）は1931年（昭和6年）7月12日〜8月20日に開かれました。第1会場は中島公園、第2会場は北海道物産館。中島公園には中央府県館などパビリオンや特設館が多数並び、大盛況だったそうです。

国産振興北海道
拓殖博覧会

國産振興北海道拓殖博覧會
きかは繪念記

国産振興北海道
拓殖博覧会

▼北海道の物産品で作った門

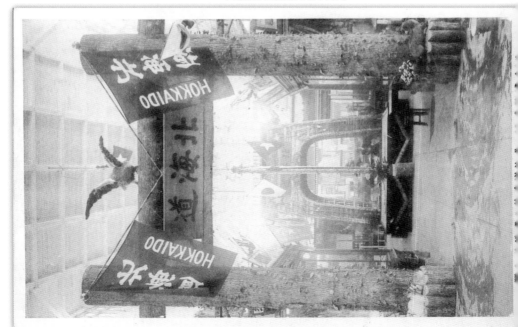

拓博の樺太館で配られた札幌の観光絵はがきセット。ケースに2枚入っていたものを入手しましたが、オリジナルのセットかどうかちょっと疑問です

贈呈

樺太デー記念繪はがき

拓博
樺太
館

（型模寺閣金）館都京　　　　會覽博殖拓道海北興振產國

233 国産振興北海道
拓殖博覧会

両国国技館発行の「北海道拓殖博覧会記念絵はがき」というセット。
入手したケースには4枚入っており、そのうちの2枚です。㊤が
京都館。金閣寺を模した建物です。㊦は子供の国

國の供子　　　　會覽博殖拓道海北興振產國

北海道初の飛行機

東京で自動車販売修理業を営んでいた鳥飼繁三郎氏が1913年（大正2年）9月、自分たちで製作した飛行機「鳥飼式隼号」の飛行大会を、札幌で行ったそうです。そのときの写真でつくられた絵はがきです。鳥飼氏自身が操縦し、離陸したものの墜落、大破したと記録されています。日本初の動力飛行機による飛行が1910年（明治43年）ですから、そのわずか3年後のことでした。

飛揚者鳥飼繁三郎氏の肖像

北ヶ崎ニ飛行サレタル飛行機の雄姿

地上滑走より大空に將に揚がらんとせる軍中の勇姿　　　三六寫眞製版

大空飛揚中ハ集群墜落轉覆ノ慘狀　　　三六堂製版

観光絵はがき

1960年代頃からの北海道観光ブームで、カラー写真の観光絵はがきが次々と発売され、札幌は「アカシヤの都」「緑の都」などのキャッチフレーズと共に美しい街として全国に紹介されていきました。それぞれの時代の絵はがきセットの工夫を凝らした表紙やタイトルも楽しいものです。

会社・店・団体の絵はがき

沿線鳥瞰圖

北海道鐵道株式會社

吉田初三郎畫伯筆

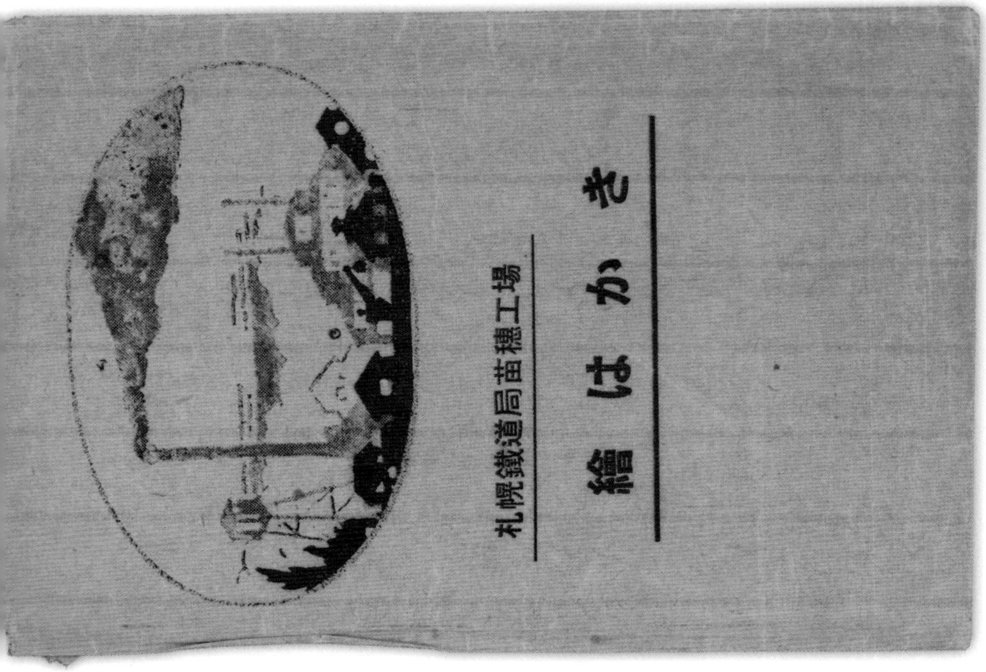
繪はがき
札幌鐵道局苗穂工場

札幌鉄道局苗穂工場

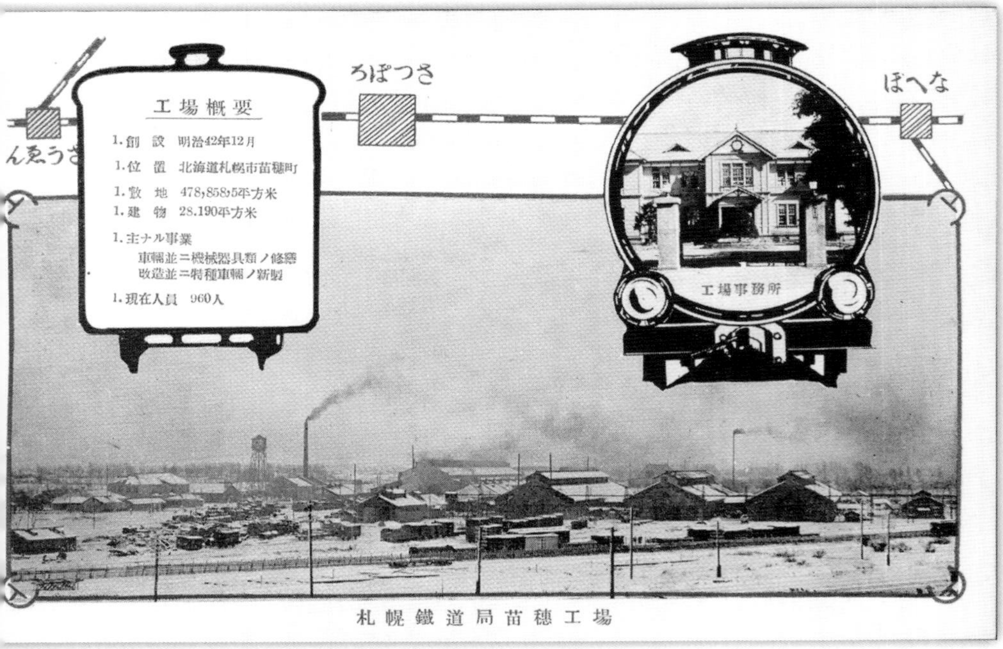
ろぽつさ
ぽへな
工場概要
1.創　設　明治42年12月
1.位　置　北海道札幌市苗穂町
1.敷　地　478,858,5平方米
1.建　物　28.190平方米
1.主ナル事業
車輛並ニ機械器具類ノ修繕
改造並ニ特種車輛ノ新製
1.現在人員　960人
工場事務所
札幌鐵道局苗穂工場

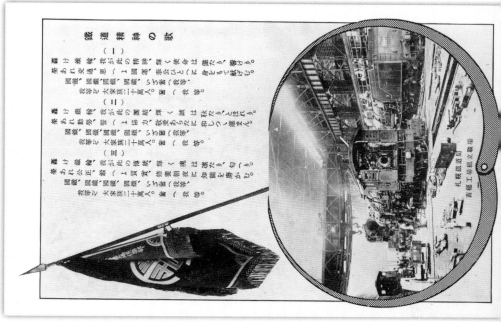

▲鉄道精神の歌

▼排雪車輌

▲「札幌鉄道局苗穂工場絵はがき」のセットとは別の苗穂停車場の
絵はがき。明治43年5月28日　苗穂停車場開始祝賀記念」とあ
ります

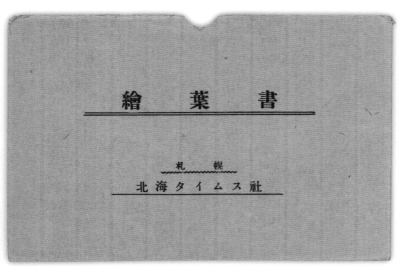

▲北海タイムス社が発行した絵はがきのセット。北海タイムス社は現在の北海道新聞社の前身
の一つで、1901年（明治34年）に北海道毎日新聞、北門新報、北海時事の3社が合併して
誕生しました。1942年（昭和17年）、北海タイムスを含む道内11紙が統合して北海道新聞
社となり、北海タイムス社の本社屋（大通西3）が北海道新聞社の本社になりました

▲本社全景

北海タイムス社絵葉書

▼輪転機

北海タイムス社絵葉書

会社・店・団体
の絵はがき

部一ノ街市ルタ見リヨ上樓社スムイタ海北

海タイムス社絵葉書 ▲北海タイムス社より見たる市街の一部

北海タイムス社発行「絵葉書」とは別の絵はがき。北海タイムス社は 1927 年（昭和 2 年）、現在
の北区北 24 条に飛行場を設置。そこを核に札幌飛行場がつくられ、終戦まで使われていました

機行飛社スムイタ海北

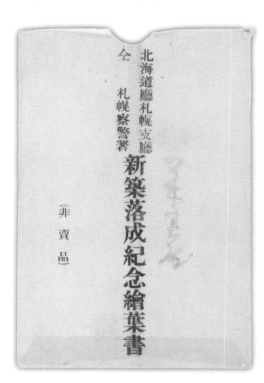

▼北海道札幌警察署　　　　　　　　　道庁札幌支庁・札幌警察署落成記念絵葉

Hookaidō Satsporo Keisatsusho.　　　　　北海道札幌警察署

Hookaidōchō Satsporo Shichō.　　北海道廳札幌支廳

札幌支庁・札幌警察署落成記念絵葉書　　▲北海道庁札幌支庁

札幌支庁・札幌警察署落成記念絵葉書　　▼札幌支庁及警察署落成式

Rakuseishiki no Kōkei.　　北海道廳札幌支廳及警察署落成式之光景

謹賀新年

明治四十五年
一月元旦

左ノ上同部附属鳳来閣　　山形屋　札幌旅館

停車場通にあった旅館　山形屋の年賀状

恭賀新年

大正十二年
一月一日

札幌市

旅館 山形屋

大竹敬助

The Yamagataya Hotel, at Sapporo.
（札幌）屋形山館旅

札幌　　　　　　　　組防消代くい　　　烹割

割烹いく代（南３条西４丁目付近にあった）

間の菊　　　代くい烹割　幌札

札幌津田理髪館内部

▲津田理髪館

会社・店・団体
の絵はがき

▼神田館。狸小路の映画館

札幌開業満一週年紀念

神田館内部

神田館外景

▲今井呉服店の広告絵はがき

▼五番館の広告絵はがき

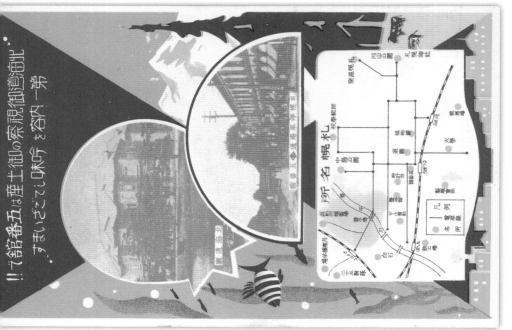

▲旅館　敷島屋（北２条西３丁目）

▼市井商店

▲札幌座

▼南2条停車場通にあった小柳洋品店

foreign
goods
store
Koyanagi

札幌
通場車停条二南
店品洋柳小

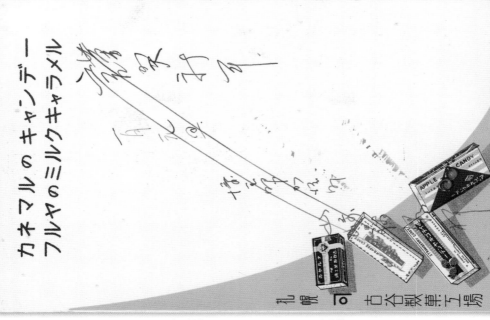

▲古谷製菓　ウインターキャラメルでお馴染み

▼マスヤ。レコード販売店でしょうか

会社・店・団体
の絵はがき

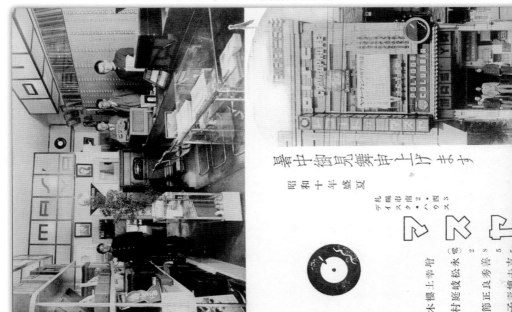

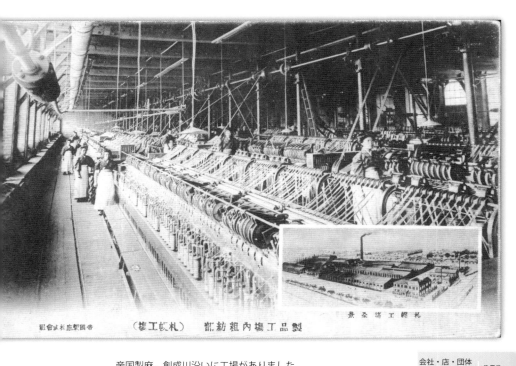

帝国製麻栉式會社 　　（札幌工塲）　製品工塲内粗紡部 　　札幌工塲全景

帝国製麻。創成川沿いに工場がありました

HEMP MANUFACTURE CO AT SAPPORO. 　札幌帝國製麻株式會社　（北海道）

（製堂貴富幌札）　社　會　麻　製　道　海　北

▲札幌富貴堂製絵はがき。帝国製麻の前身である北海道製麻会社の姿です。1887年（明治20年）創立で、1890年（明治23年）操業開始、1907年（明治40年）には日本製麻と合併して帝国製麻になったそうです

会社・店・団体
の絵はがき

社　會　式　株　麻　製　國　帝　　（幌札）

札幌ビール會社

同附屬製麥所

▲札幌ビール

▼大日本麦酒の札幌支店

大日本麥酒株式會社札幌支店

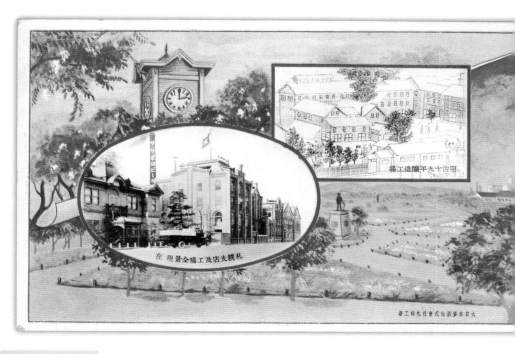

大日本麥酒株式會社札幌工場

明治十九年釀造工場

札幌支店及工場全景現在

SAPPORO, HOKKAIDO.　　　大日本麥酒株式會社　　（札幌）

サッポロビール

札幌の味といえば、ラーメンやソフトクリーム、スープカレーなどが挙げられますが、私は何といってもジンギスカンです。どこの家庭でも、何かといえばテーブルで鍋を囲むのではないでしょうか。二十歳を過ぎてからはこれにサッポロビールが加わりました。ジンギスカンにサッポロビール。北海道が誇る最強コンビといえるのではないかと思います。

サッポロビールの歴史は札幌の歴史と重なります。開拓使が1876年（明治9年）、札幌に麦酒醸造所を設立。10年後に民間に払い下げられて

大日本麦酒株式会社発行の絵はがき。サッポロ、アサヒ、ヱビスを一緒にPRしています。左の絵はがきの左下には三ツ矢サイダーの文字も

札幌麦酒株式会社が誕生しました。1906年（明治39年）には、札幌麦酒、大阪麦酒（アサヒビールの前身）、日本麦酒（恵比寿ビール製造元）の3社が合併して大日本麦酒となり、さらに戦後の財閥解体で日本麦酒（現在のサッポロホールディングス）と朝日麦酒（現在のアサヒグループホールディングス）に分割されるなど、再編を繰り返しながらも消費者から支持され続けてきました。五稜星のシンボルマークを使い続けているのも共感を感じるポイントの一つかもしれません。

札幌麦酒会社の建物を写した絵はがきは多いのですが、戦前の広告絵はがきはあまり見かけません。

SAPPORO BEER

大日本麦酒発行「全国新聞記者諸君招待会記念絵葉書」というセットの1枚。明治40年（1907年）

大日本麦酒発行の絵はがき。リボンシトロンも歴史ある飲み物です

大日本麦酒発行「ピースビール発売記念絵
葉書」というセットの１枚

札幌ビール発行の絵はがき

大日本麦酒株式会社の年賀状
㊧は明治 43 年（1910 年）。子どもの帽子に「ASAHI」、樽に
「SAPPORO」「YEBISU」の文字があります
㊦は明治 41 年（1908 年）。着物にサッポロ、アサヒ、エビスの
ブランドロゴが描かれています

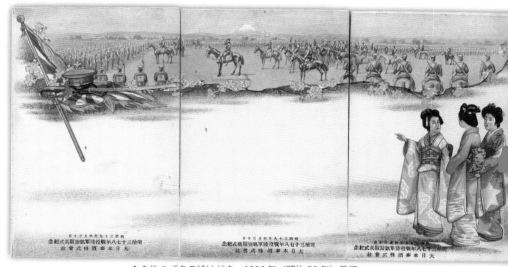

▲3枚つづきの絵はがき。1906年（明治39年）発行

㊤大日本麦酒が輸出用ビールのラベルをデザインした広告絵はがき

㊧輸出用ビールのブランドのひとつ「ダイヤモンドビール」の絵はがき

札幌麦酒　第十三回観桜運動会の様子

仮装行列の光景

▲神社参拝

▼余興　新磯節踊

札幌麦酒第三十回親睦運動會　　（餘興）　鴨緑江節踊

▲余興　鴨緑江節踊

会社・店・団体
の絵はがき

▼源平七夕競走

札幌麦酒第三十回親睦運動會　　源平七夕競走

滝涎溝賓況

況實 田水

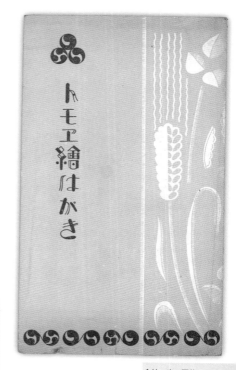

トモヱ醤油の絵はがき。トモヱ醤油は福山醸造
（東区苗穂）のブランドですが、同社ホームペー
ジによると、1951 年から 1955 年までトモヱ
醤油という社名でした

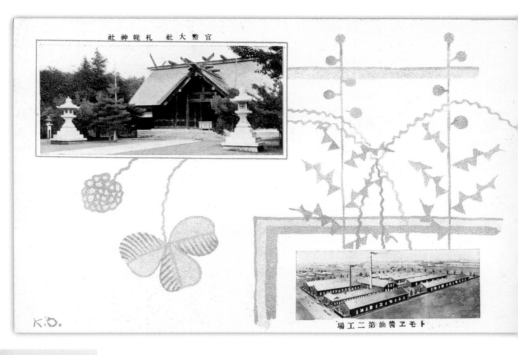

官幣大社 札幌神社

トモヱ醬油第二工場

北海道廳

トモヱ醬油本店

行啓記念
絵はがき

大正十一年七月

攝政宮殿下北海道行啓實況繪葉書

發行所　北海道繪葉書倶樂部

攝政殿下北海道行啓　植物園御成

成御校學範師 啓行道海北下殿政攝

（景の成御臨御道海北） 啓行道海北下殿宮東

北海道廳　　　　大沼公園

札幌神社

行啓記念
絵はがき

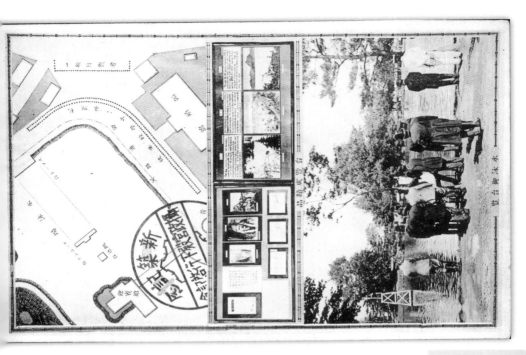

久邇宮殿下北海道御巡啓
（札幌）　停車場御着ノ光景

北150

▲停車場前

▼三井倶楽部

久邇宮殿下北海道御観啓
（札幌）　御旅舘三井倶楽部御着光景

北海道
大演習実況ハガキ

昭和十一年十月

陸軍特別大演習

陸軍
特別大演習　278

昭和十一年陸軍特別大演習

激戦ヲ展開セル石狩平野

北軍指揮官 三毛中將

南軍指揮官 下元中將

▲石狩平野

▼三越前の花電車

奉迎色豊かなる札幌市の一部　　陸軍特別大演習

▲札幌駅前奉迎門

（近附澤見岩）覧天況實防豫病熱稻　習演大別特軍陸

▲稲熱病（いもち病）予防実況天覧

りよ左　下殿各宮香賀　宮邇久東　宮笠三の中職観御　習演大別特軍陸

陸軍特別大演習　千歳川シネコシ原野の戦況（南軍）

陸軍特別大演習　千歳川の歩前渡渉

北海道記念協会発行の絵はがきセット。ケースの中に4枚入っていたうちの3枚です

統監部発行の絵はがきセット。ケースの中に2枚入っていました

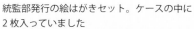

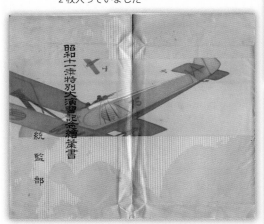

昭和十一年十月　陸軍特別大演習記念繪葉書　札幌市役所發行

1936年（昭和11年）10月の陸軍特別大演習は、北海道全体にとっ
ての大イベントだったようで、札幌市、北海道庁、逓信省もそ
ぞれ記念絵はがきを発行しています。金の箔押しなど、かなり
沢なつくりの絵はがきです

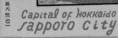

おわりに

札幌に関する絵はがきはどれだけ発行されたのかは分かりませんが、ある程度は網羅的に紹介することができたのではないかと思います。

編集の過程であらためて絵葉書を眺めていると、忘れかけていた子どもの頃の風景が僅かながら蘇ってきました。

絵はがきを紹介する趣旨の書籍にもかかわらず、私の思い出話が随所に出てきている点はご容赦ください。

最後になりますが、書籍化を快諾し、未整理の絵はがきの山の整理を手伝っていただき、本に仕上げてくれた北海道新聞社出版センターをはじめ関係者の皆さまに深く感謝申し上げます。

2020年1月

著者略歴

上ケ島（かみがしま）　オサム

燐寸蒐集家。収集品は、マッチラベルを中心に燐寸関連全般、戦前の
ラベル類全般、絵はがきなど。
1957年、北海道上川管内中川町生まれ。5歳の頃、札幌に家族で
引越し、豊平区平岸で育つ。札幌市立陵陽中学校、札幌月寒高校、東
海大学工学部（最初の2年間は札幌キャンパス）卒業。パソコン製造
販売会社、通信会社、ソフトウェア開発会社に勤務。退職後は、趣味
の収集品の整理に没頭中。千葉県在住。
日本絵葉書会（絵はがき収集などを趣味とする仲間が集まる会）会員
想燐友の会（マッチ収集などを趣味とする仲間が集まる会）会員

装丁：佐々木正男（佐々木デザイン事務所）
編集・デザイン：北海道新聞社出版センター

絵はがきのなかの札幌　明治から戦後まで

2020年1月21日　初版第1刷発行

著　　者　　上ケ島オサム

発行者　　五十嵐正剛

発行所　　北海道新聞社
　　　　　出版センター（編集）011・210・5742
　　　　　〒060・8711　札幌市中央区大通西3丁目6
　　　　　（営業）011・210・5744

印刷所　　中西印刷株式会社

製本所　　石田製本株式会社